folio cadet

MW01714782

Le Petit Nicolas
d'après l'œuvre de René Goscinny
et Jean-Jacques Sempé

Une série animée adaptée pour la télévision par Matthieu Delaporte, Alexandre de la Patellière et Cédric Pilot / Création graphique de Pascal Valdès / Réalisée par Arnaud Bouron. D'après l'épisode « Le château fort », écrit par Fred Talon.
Le Petit Nicolas, les personnages, les aventures et les éléments caractéristiques de l'univers du Petit Nicolas sont une création de René Goscinny et Jean-Jacques Sempé. Droits de dépôt et d'exploitation de marques liées à l'univers du Petit Nicolas réservés à **IMAV EDITIONS**. Le Petit Nicolas® est une marque verbale et figurative enregistrée.

Adaptation : Emmanuelle Lepetit
Maquette : Clément Chassagnard
Le papier de cet ouvrage est composé de fibres naturelles, renouvelables, recyclables et fabriquées à partir de bois provenant de forêts plantées et cultivées expressément pour la fabrication de la pâte à papier.
Loi n° 49-956 du 16 juillet 1949 sur les publications destinées à la jeunesse
ISBN : 978-2-07-065732-2
N° d'édition : 260468
Dépôt légal : septembre 2014
Imprimé en France par I.M.E.

Certifié PEFC
Ce produit est issu de forêts gérées durablement et de sources contrôlées.
PEFC 10-31-1093
pefc-france.org

IMPRIM'VERT
Votre imprimeur agit pour l'environnement

Le Petit Nicolas

L'attaque du château fort

GALLIMARD JEUNESSE

Le Petit Nicolas et ses copains

Maman Papa

Nicolas Alceste Clotaire Eudes

La maîtresse Le Bouillon

Louisette Marie-Edwige Geoffroy Agnan

Par un bel après-midi, la maman de Nicolas demande à son mari :

– Chéri, tu veux bien nous installer les chaises longues dans le jardin ?

– C'est comme si c'était fait ! répond celui-ci.

À peine s'est-il mis à la tâche que Nicolas l'interrompt.

– Papa, tu peux m'ouvrir la porte du garage ?

– Pas maintenant, fiston. Je suis occupé…

– S'il te plaît ! insiste Nicolas. Mes copains vont arriver et j'ai besoin d'un carton pour nous faire un château fort.

– Bon, d'accord. Mais après, tu promets de me laisser tranquille ?

– PROMIS, JURÉ !

Nicolas ressort du garage, un gros carton entre les bras, au moment où Alceste et Clotaire pénètrent dans le jardin. Ce dernier se plante devant le carton et fait la moue.

– Ne me dis pas que c'est ça, ton château !

– Ben si ! affirme Nicolas. Même qu'il est drôlement chouette !

– Tu veux rire ? pouffe Clotaire. Il n'a pas d'ouvertures, andouille !

– C'est moi que tu traites d'andouille ?

– Vous ne pouvez pas jouer deux minutes sans vous disputer ? intervient le papa de Nicolas.

– Mais m'sieur, plaide Alceste, il n'a pas de porte, ce château ! Du coup, on ne peut pas l'attaquer.

– Il n'a pas de fenêtres non plus, alors les gardes ne peuvent pas le défendre, critique Clotaire.

Le père de Nicolas lève les yeux au ciel, puis soupire :

– Bon ! Si je vous les découpe, vos fenêtres, vous arrêterez de vous chamailler ?

– PROMIS, JURÉ !

Le père de Nicolas va chercher une paire de ciseaux dans la cuisine.

– Tu as installé les transats, chéri ? interroge sa femme.

– Hum... Pas tout à fait.

De retour dans le jardin, il se met à l'ouvrage sous les yeux attentifs des garçons et du voisin, M. Blédurt, qui est en train de tailler sa haie.

– Voici un beau portail ! annonce-t-il en exhibant fièrement le carton découpé.

Mais Clotaire, allongé sur la pelouse, fait la grimace.

– Et les fenêtres ? réclame-t-il.

– Euh… je m'y mets tout de suite, se renfrogne le père de Nicolas.

Enfin, au bout de plusieurs minutes d'efforts…

– Ça y est ! Le château a une porte et des fenêtres ! Vous êtes contents ?

– Mouais… ronchonne Clotaire. On dirait qu'il manque encore quelque chose…

– Des tours ! s'écrie Nicolas. Un château sans tours, ça n'existe pas !

– C'est vrai, acquiesce Clotaire. On dirait plus une maison de poupée.

– Comme celle de Marie-Edwige ! rigole Alceste. Avec sa kitchenette…

– Son salon de thé… ajoute Nicolas.

– Et sa salle de bains pour laver les bébés ! minaude Clotaire.

– On ne va quand même pas ATTAQUER DES BÉBÉS ! concluent les trois garçons d'un air dégoûté.

Le père de Nicolas avale sa salive et articule d'une voix blanche :

– Bon. Je veux bien vous construire des tours, mais je vous préviens : après, ce sera TER-MI-NÉ !

– Promis, Papa ! jure Nicolas. C'est la dernière fois !

Le père de Nicolas rapporte des feuilles, de la glu et des marqueurs. Il roule un bout de papier sur lui-même et le fixe avec la colle.

– Et voilà : une tour de construite !

– Une tour, c'est bien... lâche Clotaire. Quatre, ce serait mieux.

Le père de Nicolas serre les dents.

– C'est ce que je comptais faire, figure-toi !

Et il se remet au travail. Le temps passe. Au bout d'une demi-heure, il se relève et clame :

– ALORS ? Il n'est pas beau, mon château ?

Affalés sur l'herbe, les garçons, qui commencent sérieusement à s'ennuyer, jettent un coup d'œil au carton. Leur verdict tombe :

– Dommage ! On aurait dû inviter Geoffroy : lui, il a un vrai château.

– Parce que mon château n'a pas l'air vrai ? s'énerve le père de Nicolas.

– Ben...

– Si...

– Un peu...

– M'enfin...

– NON ! claque soudain la voix du voisin derrière sa haie. Franchement, il ne ressemble à rien, ton truc !

Furieux, le père de Nicolas s'empare d'un de ses feutres.

– C'est normal ! Il manque les créneaux. Je vais vous les dessiner. Et vous verrez alors à quoi ressemble un VRAI château fort !

– Mais Papa ! râle Nicolas, un petit chevalier à la main. Quand est-ce qu'on va jouer, nous ?

– APRÈS !

Par chance, la maman de Nicolas passe la tête par la fenêtre.

– Le goûter est prêt !

Les garçons se précipitent à l'intérieur.

Ils sont attablés devant de délicieuses crêpes quand le papa de Nicolas surgit dans la cuisine. Il choisit un couteau dans un tiroir et s'apprête à repartir lorsque sa femme lui rappelle :

– Tu n'oublies pas mes transats, surtout !

– Euh... non, non, je m'en occupe !

En revenant du goûter, les enfants découvrent, au milieu de la pelouse, un château crénelé, doté de belles tours blanches. Le papa de Nicolas est affairé à découper une feuille de papier.

– Alceste ! Va me chercher une brindille : cela fera un mât pour le drapeau.

– OUAIS ! s'enthousiasme Clotaire. Moi, je vais le dessiner !

– Surtout pas ! C'est un travail qui exige de la concentration, et je sais que ce n'est pas ton fort, mon grand.

Vexé, le garçon s'éloigne en shootant dans le ballon d'Alceste.

Nicolas s'approche à son tour.

– Maintenant, il a vraiment l'air vrai, ton château !

– Tu trouves ? rétorque son père, en levant un sourcil. Pourtant il manque encore les porte-bougies pour l'entrée, une plante grimpante, les tapisseries, les meubles…

– Mais moi, je m'en fiche de tout ça ! explose Nicolas. C'est toujours la même chose avec toi : ON NE PEUT JAMAIS S'AMUSER !

5

À cet instant, un coup de sifflet retentit au portillon du jardin. Rufus apparaît, escorté d'Eudes et de Geoffroy, déguisé en shérif.

– Hé ! Clotaire ! Tu viens jouer aux cow-boys avec nous ?

– J'aimerais bien... soupire le garçon, mais je joue déjà aux chevaliers avec Nicolas.

– On fait un foot, alors ? lance Eudes en avisant le ballon.

Alceste s'interpose :

– Touche pas à mon boulet de canon !

– C'est pas un boulet ! C'est un ballon, banane ! se moque Rufus.

– Oui, mais il va nous servir à attaquer le château, indique Nicolas.

Aussitôt, Geoffroy lève un sourcil intéressé.

– Quel château ?

– Celui de mon père…

– Tu parles, on n'a même pas le droit d'y toucher ! grogne Clotaire.

Geoffroy réfléchit une seconde, puis son visage s'éclaire.

– Pourquoi on ne ferait pas un duel cow-boys contre chevaliers ?

– Super-idée ! applaudissent les autres.

Geoffroy pose sa main sur son pistolet en plastique et déclare, en fixant Nicolas dans les yeux :

– Il y a un cow-boy de trop ici, Billy Boy !

– Je ne suis pas un cow-boy. Je suis un chevalier ! Allons régler ça en haut de la plaine !

La bande de garçons comprend aussitôt le message : tous montent dans la chambre de Nicolas pour organiser un duel de folie !

Une heure s'écoule, quand enfin...

– Venez les enfants, j'ai fini ! appelle le père de Nicolas.

6

Tout le monde se rassemble autour du château, qui a maintenant fière allure.

– Ça valait la peine d'attendre, n'est-ce-pas ? se rengorge le père de Nicolas.

– C'est juste dommage qu'il n'y ait pas de grille à la porte d'entrée, remarque Rufus.

– Exact, dit Geoffroy. Les ennemis peuvent aller et venir comme ils le veulent...

– En fait, raille Eudes, ce n'est pas un château fort : c'est un vrai moulin !

Le père de Nicolas a l'impression que le ciel lui tombe sur la tête.

– Vous avez raison, balbutie-t-il. Je vais faire quelques modifications et, d'ici demain…

– Oh, non ! craque Nicolas. C'est tout de suite qu'on veut jouer !

Et PIM ! de rage, il tape un grand coup dans le ballon… qui emporte une des tours du château.

– NON ! PITIÉ ! gémit le papa de Nicolas, horrifié.

Sans l'écouter, Alceste court pour rattraper la balle. Et PAM ! il reshoote un grand coup : le toit du château s'envole.

– Trêve ! Trêve ! supplie le père de Nicolas.

Et POUM ! Geoffroy fait une reprise de volée. Le ballon atterrit sur le carton… qui s'écrase comme une crêpe.

– À peine trois tirs, et il s'écroule ? lâche Eudes, déçu. Il est nul, ce château.

– Si vous voulez, propose Geoffroy, on peut aller jouer avec celui de mon père. Il est bien plus solide.

– OUAIS ! hurlent les copains.

Ils disparaissent aussitôt. L'air hagard, le père de Nicolas se retrouve seul devant son château fort en ruine, tel un vieux seigneur vaincu par une horde de barbares.

Seul ? Pas tout à fait. Sa femme ne tarde pas à le rejoindre. La bouche en cœur, elle lui glisse :

– Alors, mon chéri, elles sont où, mes chaises longues ?

→ je lis tout seul

Pour les jeunes apprentis lecteurs
Niveau 2

n° 1 *La photo de classe*

n° 2 *Même pas peur!*

n° 3 *Les filles, c'est drôlement compliqué!*

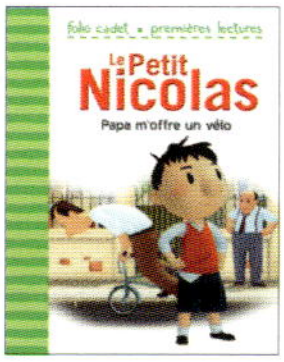

n° 4 *Papa m'offre un vélo*

n° 5 *Le scoop*

n° 6 *Prêt pour la bagarre*

n° 7 *La tombola*

n° 8 *La leçon de code*

n° 9 *Le chouchou a la poisse*

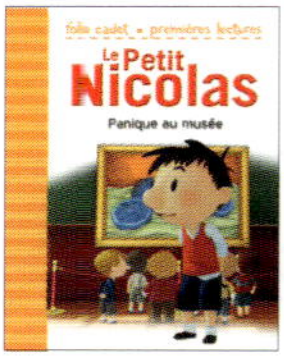

n° 10 *Panique au musée*

n° 11 *Qui veut jouer à la poupée?*

n° 12 *La bande des pirates*

n° 13 *Un chaton trop mignon*

n° 14 *En route pour le pique-nique!*

n° 15 *La cantine, c'est chouette!*

n° 16 *On ne parle pas aux chouchous!*

n° 17 *Abracadabra!*

n° 18 *La chasse au dinosaure*

n° 19 *Papa casse mes jouets!*

n° 20 *En garde, chevalier!*

n° 21 *Pas de pitié pour les cafteurs!*

n° 22 *En avant, la musique!*

n° 24 *Pauvre baby-sitter!*

Retrouve
le Petit Nicolas
sur le site
www.petitnicolas.com